THÜRINGEN
N
O
S
UNSTRUT
Tiefurt
Apolda
Camburg
Dornburg
WEIMAR
ERFURT
ALTENBURG
JENA
CARL ZEISS
Bad Berka
GERA
Arnſtadt
Kahla
Stadtilm
Weida
ELSTER
Neuſtadt
Rudolſtadt
Pössneck
Greiz
Ranis
Saalfeld
SAALE
Manebach
Schleiz
Meuſelbach
Maſſerberg
Sonneberg

# SCHÖNES THÜRINGEN

*Eine Erinnerung*

EIN BILDBAND DER HEIMAT

MIT 96 FOTOGRAFIEN

KULTURGESCHICHTLICHE EINLEITUNG

VON KARL RAUCH

VERLAG WEIDLICH WÜRZBURG

6., unveränderte Auflage 1985

Reproduktion und Druck: Julius Beltz KG, Hemsbach
Buchbinderei: Georg Kränkl, Heppenheim
Printed in Germany
ISBN 3 8035 1004 x

# THÜRINGEN

ist von altersher als die wahrhafte deutsche Mitte, als das „Grüne Herz" Deutschlands bezeichnet worden. Deutsches Herzland ist es von geographischer Sicht her eindeutig. Es ist es geistig nicht minder, wenn man an die symbolhaltigen Ortschaften Erfurt, eine der ältesten deutschen Universitätsstädte, und Eisenach mit der sagen- und geschichtsumwobenen Wartburg denkt; an Weimar, die Wirkungsstätte Goethes, Schillers und Herders in der klassischen Zeit, des weltberühmten Bauhauses nach dem Ersten Weltkriege, und an die bedeutsame Universitätsstadt Jena sich erinnert, an der Schiller und Fichte gelehrt haben. Jenenser Studenten haben die gesamte Jugend der Nation in den Rausch der Freiheitskriege geführt. Im ersten Drittel unseres Jahrhunderts ist die Stadt durch den Elan einer großen Verlegerpersönlichkeit namens Eugen Diederichs zum weithin ausstrahlenden geistrevolutionären Zentrum geworden. Etwa zur gleichen Zeit manifestierte sich in ihr durch die von Ernst Abbe (1840 in Eisenach geboren) begründete Stiftung der Zeisswerke der Kerngedanke einer neuartigen sozialen Ordnung.

Der heutige Raum Thüringen bildet keine geographische Einheit, stellt vielmehr eine ziemlich locker umrissene Kulturprovinz dar, die freilich im Osten nach der sächsischen Industrieebene hin, nördlich zum Harz und nach der Provinz Sachsen und südlich ins Fränkisch-Bayerische hinein fließende Übergänge besitzt, während der Übergang in westlicher Richtung durch den gewaltsamen politischen Eingriff seit Sommer 1945 abgeschnürt ist. Geographisch lassen sich folgende Umgrenzungen erkennen: im Osten etwa die Linie Marktschorgast — Hof — Elsterknie — Elster und Pleiße; im Norden die Linie Elster — Luppe — Saale — Merseburg — Naumburg — Harzrand — Nordhausen — Heiligenstadt — Werra; im Westen Werratal bis Vacha — Ulstertal — Frankenheim — Streutag bis dicht vor Mellrichstadt; und im Süden die Linie Mellrichstadt — Friedrichshall — Sonneberg — Greiz — Lobenstein — Hof. Der Thüringer Wald mit Eisenach, Inselsberg, Friedrichsroda, Georgenthal, Oberhof, Suhl, Masserberg und Lauscha — ein stark bewaldetes Schiefergebirge — bildet das Rückgrat des Landes und die Krone seiner landschaftlichen Schönheit. Im Norden gliedert sich nach dem Harz hin das Thüringische Becken an. Nach Südosten zu öffnet sich die fränkische Mulde. Westwärts und südwestlich durchschneidet die Grenze die Rhön, während sie im Osten Frankenwald, Elstergebirge, Vogtland und die ausgedehnte Elsteraue berührt.

Wer vom Kamm des Thüringer Waldes, dem alten Rennsteig, der von der Hohen Sonne zum Großen Finsterberg führt und vormals Grenzsteig gewesen ist, ins Beckeninnere nach Norden oder Osten hinabschreitet, gelangt aus hochaufgerichteten, uralten Gesteinen in tiefergelagerte und sich fortwährend verjüngende Schichtungen, betritt eine weiche und waldreiche Buntsandsteinlandschaft und stößt über abgeflachte Muschelkalktafeln schließlich in die Flußniederungen. Ein Abstieg nach Südwesten zu vollzieht sich auf sehr ähnliche Weise. Von Südosten nach Nordwesten verlaufen beiderseits des Gebirgsrückgrats vielfaltige Hügelketten. In den Höhenlagen des Thüringer Waldes sinkt die Jahreswärme bis auf 5 Grad und werden 1350 mm Niederschläge gemessen, während in den fruchtbaren Ebenen die Jahreswärme auf 8 bis 9 Grad steigt und die Niederschlagsmenge bis zu 470 mm sinkt. Der Roggen wird bei Ilmenau Anfang August geerntet, in der Gegend von Merseburg schon Mitte bis zweite Hälfte Juli, in Gehlberg erst Anfang September oder noch später. In Gehlberg (Höhe 700 m) fängt der Frühling auch gut vierzehn Tage später an als im Erfurter Tiefland — in Neuhaus am Rennweg (Höhe 838 m, höchstgelegener Ort des Landes), der Wirkungsstätte der Glasbläser, gar erst drei Wochen später. Gar nicht weniger vielgestaltig als Boden und Klima zeigt sich in Thüringen die Pflanzenwelt. Die Rotbuche ist der das Land beherrschende Baum; aber nordischer Nadelwald bricht genauso ein wie die atlantische Zwergstrauchheide, östlicher Eichentrockenwald, östliche Steppe und in von der Eiszeit her überdauernden Rudimenten auch die Sphäre des nordischen Hochgebirges. Steppengräser-Blaugras,

Blauschwingel, Haarpfriemgras und Zwergsegge — zeigen dem Naturfreund das Bild der heimatlichen Naturlandschaft noch vor jeglicher Entwicklung des Menschen.

Wie im Laufe langer Zeitenräume die unterschiedlichsten Elemente von Fauna und Flora eingewandert und durchgezogen sind, so hat es sich auch mit der menschlichen Besiedlung begeben. Pflanzen und Völker wanderten häufig auf gleichen Straßen. Aus dem Südosten, von der Donau her, ist die Bandkeramik gekommen, die Megalithkultur und die Kugelamphorenkeramik aus dem Norden. In der Jungsteinzeit ist vom Südwesten her die Pfahlbaukultur eingeströmt; aus der gleichen Richtung kam während der frühen Bronzezeit die Gipfelburgenkultur der Kelten. Die Slawen sind im 6. Jahrhundert über Elbe und Saale bis dicht an die Maingrenze heran vorgestoßen. Daraus entwickelten sich höchst unterschiedliche Siedlungsbilder: linkssaalisch häufig Haufendörfer, rechtssaalisch vorwiegend Rundlinge. An der Saale selber — damals eindeutiger Grenzfluß — wurden auf den Hügeln und Höhen zahlreiche Burgen errichtet. Romantisch werden ihre Ufer noch heute von deren Ruinen gesäumt. Erst spät konnte das Kulturland rechts der Saale zurückgewonnen werden. Die großzügige Kolonisation füllt mehrere Jahrhunderte und dehnt sich bis tief ins 13. Jahrhundert aus. Gelängshufen wechseln in den Dorfformen mit Wald- und Königshufen ab. Die vielen Ortsnamen auf -rode, -gereuth und -schwend halten die Erinnerung an diese Rodungen wach. Zähe Gegensätze bekunden sich in den unterschiedlichen wirtschaftlichen Entwicklungen des alten Kernlandes und der Rodungsbezirke. Das Kernland Thüringens bewahrt auf lange Zeit seinen Charakter als Bauernland, während im gerodeten Land inzwischen Handel und Industrie mächtig voranschreiten. Noch heute gehört das alte Kernland mit wenig Wald und Wiese, aber großer Ackerdichte zu den fruchtbarsten Gebieten Deutschlands. Der an Nährstoffen reiche Boden fördert den Wuchs von Gerste, Weizen und Zuckerrüben. Im wald- und wiesenreichen Bergland werden unter guten Bedingungen vor allem Roggen, Hafer und Kartoffeln gezüchtet. Auf thüringischem Boden kreuzen sich uralte Handelswege, die Ostsee und Mittelmeer verbinden. Schon während der Bronzezeit lief übers Schiefergebirge hin von Italien und der Donau her ein Weg durchs Tal der Saale nach der Elbe und zur Ostsee. Weitere Handelswege zogen sich bereits zu frühgeschichtlichen Zeiten vom Norden nach dem Süden. Sie trafen sich alle — mit der alleinigen Ausnahme des ostthüringischen Weges, der über Leipzig und Halle lief — mit der großen alten Königstraße, die in gerader Westostrichtung führte, im weitum berühmten Erfurt, der eindeutigen Mitte des Reiches. Und bis in die heutigen Tage herein haben die neuen Verkehrsstraßen, auch die Eisenbahnstrecken, die Richtung der uralten Handelswege ziemlich genau eingehalten. Der Obelisk am Rondell bei Oberhof im hochgelegenen Wintersportgebiet markiert heute noch ein verkehrswichtiges Straßenkreuz.

Im innerthüringischen Raum wechseln Täler und Becken mit leichtem Hügelgelände ab. In einer waldarmen Kultursteppe bewegen sich die Flüsse Gera und Unstrut und ihre einströmenden Bäche zwischen Weiden- und Erlengebüsch dahin. Hier stoßen wir auf uraltes Gartenland. Auf riesigen Äckern werden Blumen und vielerlei Art Gemüse kultiviert. In Erfurt wohnten vormals „die großen Gärtner des Heiligen Römischen Reichs". Blumenstadt heißt Erfurt heute noch. Seine Samenzucht besitzt Weltruf. Nachbarsiedlungen wie Gotha, Eisenach, Apolda haben sich teils als Fürstensitz, teils durch den emsigen Fleiß ihrer Bürger zu ansehnlichen Städten entwickelt. Erfurt ist weitum die einzige Großstadt geblieben — bis auf den heutigen Tag.

Im Nordosten schließt sich als Löß- und Schwarzerderevier die weite thüringisch-sächsische Bucht an. Aus dem alten Bauernland hat sich hier fortschreitend eine mächtige Braunkohlenlandschaft entwickelt. Tausende von Höfen, viele alte Dörfer sind während der letzten Jahrzehnte verschwunden. Riesige Industrieanlagen sind an ihre Stelle getreten. An der nordöstlichen Grenze des Landes, in der Gegend der zur Provinz Sachsen gehörenden Ortschaften Leuna, Merseburg, Rossen und nach Sachsen hinein, zum südlich von Leipzig sich immer weiter ausdehnenden Böhlener Revier hin, ist ein Zentrum mächtiger Zusammenballungen der chemischen Industrie entstanden, hat sich ein mitteldeutscher „Kohlenpott" entwickelt, aus dessen wertvoller Düngerproduktion die im Raum beengte Landwirtschaft die Möglichkeit stärkster Intensivierung empfängt.

Langsam steigt nach Westen und Süden zu eine Muschelkalklandschaft aus dem Becken herauf und fügt sich zu einer breiten Hochebene. In deren Tonmulden sind Siedlungen aufgewachsen. Ihre Außenseite aber hat die häufig schroffen Kalktafeln steiler Berghänge aufgebaut. Die an diesen Stellen sich zu tiefen Schluchten wölbenden Täler von Werra, Unstrut und Saale zeigen romantische und pittoreske Landschaftsbilder und schaffen zugleich die Voraussetzung für fruchtbaren Weinbau. Im Südosten und auch im Nordwesten formt der Buntsandstein andere Gebilde: Rundkuppen, langhingestreckte Bergrücken werden vornehmlich von Waldungen bedeckt. Hier lagernde Siedlungen sind meist aus mönchischen Rodungen entstanden. — Der Kamm des Thüringer Waldes steigt — ob man ihn vom Süden oder vom Norden her betrachtet—wie eine Mauer steil nach oben. Die herabströmenden Bäche haben tiefe Täler und Schluchten gerissen. Hier reiht sich eine landschaftliche Schönheit an die andere. Milde Lieblichkeit steht häufig in dichter Nähe von heroischer Herbheit. Felsentürme ragen neben runden Kuppeln. Uralter Schiefer lagert neben hartem Vulkangestein, während manches Gewässer bei Suhl oder Brotterode, bei Schmiedefeld und Zella-Mehlis den bröckelnden Granit zu tiefen Wannen ausgehöhlt hat. — Hinter der Linie Schleusingen—Gehren fügt sich dem Thüringer Walde das Schiefergebirge an. Blaudunkle Schieferbrüche, Halden und Schieferdächer geben diesem Bezirk sein Gepräge. Schiefergedeckt sind auch die Kirchen. Menschliche Siedlungen meiden meist die zu engen Täler und halten sich an die Quellmulden der Hochflächen. Höchst eigenartige Kontraste ergeben sich aus der schweigenden Verlassenheit der Schieferhochfläche und den waldreichen, tiefeingewuchteten Tälern. Den Fremden erstaunt die starke Dichte der Bevölkerung, aber rasch wird er deren Ursprung und Grund gewahr: die Waldwirtschaft bietet vielerlei Möglichkeit der Nutzung, reiche Lager an Erz werden ausgebeutet, die Glas-, Porzellan- und Spielwarenindustrie ist von altersher heimisch, und auch eine ansehnliche Webindustrie ist entstanden.

Schließlich gehört noch zum Thüringer Land die dem eigentlichen Thüringer Walde vorgelagerte, sehr waldreiche Buntsandsteinlandschaft des Werratales im Südwesten. Sie erscheint anders als das übrige Thüringen, wirkt vollkommen fränkisch in der breiten Behäbigkeit ihrer Dörfer und ihrer Bewohner. Die oft malerischen Kleinstädte im Gebiet der fränkischen Saale machen einen sehr südlichen Eindruck. Das ganze Stück Erde gehört ja tatsächlich auch dem Stromgebiet von Main und Rhein an. Der Ortsname Salzungen kündet von Salzlagern an der mittleren Werra; jedoch größere Bedeutung kommt dem Kalireichtum zu, der an der Grenzstadt Vacha zwischen Thüringen und Hessen hier im Südwesten anders und doch ähnlich wie im Nordosten Ackerboden zur Industrielandschaft umgeformt hat. Hier befindet sich die 1826 zu Sachsen-Meiningen gekommene alte Stadt Hildburghausen (mit Altstadt und einer 1710 von Flüchtlingen, die aus Frankreich kamen, errichteten Neustadt). An die ehemalige Residenz der Herzöge von Sachsen-Hildburghausen erinnern noch die Bauten des Schlosses (17. Jahrhundert) sowie das Theater im Ballhaus (1721). Das schmucke alte Rathaus wurde im Jahre 1572 umgebaut, während die Kirchen — Apostelkirche und Christuskirche — aus dem 18. Jahrhundert stammen. In Hildburghausen gibt es von altersher berühmte Buchdruckereien. Korbwaren und Schuhputzmittel werden produziert.

Aus silurischem Schiefer ist in früherer Zeit südwestlich von Saalfeld — einer der ältesten Städte Thüringens (899 erstmals urkundlich erwähnt) — Alaun gewonnen worden. Die Stollen sind schon 1736 aufgelassen und vermauert worden. Aber zu Anfang des 20. Jahrhunderts hat man sie im Zuge einer geologischen Untersuchung wieder geöffnet, wobei sich völlig überraschend die Entdekkung einer der großartigsten Naturschönheiten auf thüringischem Boden ergab. Die Feengrotten, die in ihrer märchenhaften Pracht geradezu wie ein Wunder erscheinen und nirgendwo in der Welt auch nur annähernd ihresgleichen finden, wurden seit 1914 für Besucher freigegeben. Es handelt sich dabei um alte Stollen und Hallen des früheren Bergwerks, die in drei Stockwerken übereinander gelagert sind und sich im Laufe der Zeit durch stetig einsickerndes Wasser mit Tropfsteingebilden sehr unterschiedlicher Art und höchst seltsam-abwechslungsreicher Formung geschmückt haben. Die so entstandenen Naturgebilde in vormaligen menschlichen Einbruchskanälen erstrahlen als Folge von allerlei Gesteinsmischungen in einer wunderbaren Farbenpracht, und diese eigentümliche Färbung, die hauptsächlich durch einen wechselnden Gehalt an Eisen zu erklären ist, bestimmt die starke Anziehungskraft und den Ruhm dieses Märchendoms, dem Richard-Wagnersche Reminiszenzen innewohnen. Nicht umsonst trägt eine der unterirdischen Hallen den Namen Gralsburg.

Ein neuzeitlicher Eingriff einschneidender Art ins thüringische Landschaftsbild erfolgte während der dreißiger Jahre: Damals wurde mit der Errichtung der Saaletalsperre begonnen. Später schloß sich die Höhenwartetalsperre an. Ihre Baumeister gaben ein leuchtendes Vorbild dafür, daß technisch notwendige Umgestaltungen sehr wohl das Bild einer Landschaft bereichern und verschönern können. Es entstand das überwältigende und vielbestaunte Wunder des „Thüringer Meeres" — ein 28 km langer See, der durch die Sperrmauer bei Saalburg seinen Abschluß findet.

Die zentrale Lage des Landes erwies sich für industrielle Unternehmungen als sehr vorteilhaft. Aus der qualifizierten Landwirtschaft im Kernlande wuchsen geradezu organisch Malzindustrie, Braugewerbe, Brennereien, Süßwaren- und Nahrungsmittelindustrie schlossen sich an. Das starke Vorkommen von Braunkohle und Kali eröffnete der chemischen Großindustrie breite Basen. Im nördlichsten Thüringen, in den Niederungen und Hügelketten um Langensalza, Mühlhausen, Dingelstädt, Sondershausen, Heiligenstadt und Nordhausen, sind neben einer ausgedehnten Textilindustrie auch Metall- und Holzindustrie zu Hause, streckenweise auch Bergbau. Nordhausen — am Südrand der Goldenen Aue — wurde schon in früher Zeit befestigt. Es ist auch heute noch reich an bemerkenswerten alten Baulichkeiten. Dom und alte Klosterkirche stammen aus dem 13. Jahrhundert; im 14. und 15. Jahrhundert wurde ein spätgotisches Langhaus angefügt. Noch älter (12. Jahrhundert) ist die Frauensbergkirche, während die Blasiuskirche aus dem Jahre 1234 stammt. Dazu gesellen sich die Jacobi- und Petrikirche (13. Jahrhundert), die Nicolaikirche (15. Jahrhundert), während das Rathaus 1610 erbaut worden ist. Als Zeuge der freien Gerichtsbarkeit steht davor das alte Rolandsstandbild. Schon im Jahre 927 wird Nordhausen als Königspfalz genannt. Von 1253 bis 1803 ist es Freie Reichsstadt gewesen. Zu Anfang des 19. Jahrhunderts fiel die Stadt an Preußen und gehört neuerdings zu Thüringen. Weltberühmt ist der Nordhäuser „Korn". — An der Unstrut, zwischen Hainich und dem oberen Eichsfeld, liegt die alte, vormals ebenfalls befestigte Stadt Mühlhausen mit alten Stadtmauerresten und einem Renaissance-Rathaus von 1685. Die erste Erwähnung des Ortes geschieht 775. Seit 1251 war Mühlhausen Freie Reichsstadt. Im Bauernkrieg hielt Thomas Münzer hier sein Hauptquartier (1525). Auch hier befinden sich zahlreiche sehr schöne Kirchen: die romanische Blasiuskirche (13. Jahrhundert), die gotische Marienkirche mit fünf Schiffen (14. Jahrhundert) sowie die nach 1600 wiedererrichtete alte gotische Jacobskirche. — Heiligenstadt ist seit 1929 Kneipp-Bad. Es liegt an der Bahnstrecke Nordhausen—Kassel am Flüßchen Leine. Innerhalb seiner Mauern befindet sich ein ehemalig kurmainzisches Schloß (1737). Eine dreischiffige Basilika aus dem 14. Jahrhundert hat sich später zur evangelischen Stiftskirche verwandelt. Katholisch geblieben sind die Marienkirche (gotischer Hallenbau, 12. Jahrhundert) und die ebenfalls gotische Annenkapelle (13. Jahrhundert). — Sondershausen, die frühere Hauptstadt des Fürstentums Schwarzburg-Sondershausen, an der Wipper sowie an der Bahnstrecke Nordhausen—Erfurt gelegen, gehörte im 10. Jahrhundert zum Erzbistum Mainz und kam 1295 in den Besitz der Grafen Hohnstein; 1356 fiel es den Grafen von Schwarzburg zu und war von 1571 an Residenz. Mit dem Bau des Schlosses ist im 14. Jahrhundert begonnen worden. Auf dem Lohplatz, in dichter Nähe des Schlosses, finden weitum berühmte Sommerkonzerte statt.

Elektro- und Kali-Industrie dominieren jetzt in

Sondershausen. Mühlhausen produziert vornehmlich Textilien und unterhält eine Textilfachschule, während in Dingelstädt neben dem Textilgewerbe auch die Tabakindustrie blüht. Das Städtchen Ruhla im Kreise Eisenach weist eine starke Beweglichkeit seiner industriellen Entwicklung auf, die deshalb eine ausführliche Betrachtung verdient, weil sie die zähe und immer wandelbare Anpassungsfähigkeit des thüringischen Menschenschlages deutlich macht. Dort heimischer Eisenbergbau machte die kleine Stadt bereits im 11. Jahrhundert zu einer bekannten Waffenschmiede. Die hier gefertigten Harnische und Schwerter waren weitum sehr begehrt. Und das mannhafte Wort des Schmieds von Ruhla an den zu nachgiebigen Landgrafen lebt noch in der Sage fort. Später verwandelte sich die Waffenschmiede zur Messerschmiede. Als Friedrich der Große sich Ruhlaer Meister nach Eberswalde holte und dort wie zusätzlich im sächsischen Dresden mit königlichen Förderungen große Stahlwarenfabriken eingerichtet wurden, mußte sich Ruhla abermals umstellen. Anfangs halfen sich die Ruhlaer Handwerker mit Kettenmachen sowie wenig lohnendem Vergolden und Versilbern, um dann auf dem Umwege über die Fertigung von Pfeifenbeschlägen eine eigene Holz-, Ton- und Meerschaumpfeifenproduktion aufzubauen. Es gelang auch, künstlichen Meerschaum herzustellen (der echte war teuer, weil er aus Kleinasien eingeführt werden mußte und nur auf dem Umwege über Wien zu erhalten war). Als aber zunächst die Zigarre und später die Zigarette die Tabakspfeife in den Hintergrund drängten, ging man zur Herstellung von Gürtelschlössern, Schnallen und Mündungsdeckeln für Schußwaffen über. In der zweiten Hälfte des 19. Jahrhunderts traten Uhrengehäuse hinzu, und es glückte schließlich die Erfindung der Ruhlaer Taschenuhr, die als durchaus zuverlässige und sehr preiswerte Fabrikation sehr schnell zur Volksuhr wurde und sich den gesamten Weltmarkt eroberte. Um 1900 wurden täglich rund 4000 solcher Uhren im kleinen Ruhla hergestellt. Heute produziert Ruhla, das in den dreißiger Jahren auch wesentlich mit Rüstungsindustrie beschäftigt gewesen ist, vielerlei elektrische Bedarfsartikel, Autoarmaturen, Radiozubehör, Tafelgerät, außerdem Kindertrompeten, Flöten und ähnliche Jahrmarktsartikel. Wollweberei und Kammgarnspinnerei werden in Gera und Greiz betrieben. Beide sind berühmte Tuchmacherstädte. In Apolda hat sich die Wirkwarenindustrie angesiedelt: neben Strümpfen, Kleidern und Röcken entstehen dort neuerdings vornehmlich Luxuswaren und Modeartikel: Tücher, Strickjacken und -westen. Ähnliches geschieht in Zeulenroda, während in Münchenbernsdorf und in Weida Teppiche, Läufer, Decken sowie Säcke aus Jute erzeugt werden. Die ehemaligen Leineweber in Waltershausen beschäftigen sich heute mit der Produktion von Schläuchen, Treibriemen und Möbelgurten. Suhl und Zella-Mehlis haben Weltruf durch Herstellung von Waffen und Messern. Arnstadt produziert Lederwaren und Handschuhe, Hildburghausen Spielwaren und Keramik. Beliebt sind die Töpferwaren des Städtchens Bürgel bei Jena. Die Stadt Schmalkalden — Schauplatz großer Ereignisse während der Reformationszeit — ernährt sich jetzt von Stahl- und Eisenfertigung sowie Werkzeug- und Holzindustrie. In der berühmten Theaterstadt Meiningen besteht neben Maschinen- auch Farbindustrie. In den Walddörfern lebt noch immer die Holzschnitzerei. Sie wird auch in der Rhön betrieben. Sonneberger Puppen und Spielzeug sind hervorragende Exportartikel. Ohrdruf und Schleiz sind auf Spielpferdchen und -wagen spezialisiert. Ilmenau fertigt Wetterhäuschen einer sehr originellen Prägung und Manebach Karnevals- und Scherzartikel.

Teilweise vergessen worden, aber deswegen nicht geringeren Grades sind Großleistungen technischen Erfindergeistes, die auf gebürtige Thüringer zurückgehen. Daß Melchior Bauer, der 1733 im Dorfe Lehnitzsch bei Altenburg zur Welt kam, den ersten Entwurf zur Konstruktion eines Flugzeuges schuf, weiß heute kein Mensch mehr. Vom Erfinder des Zündnadelgewehres, das beim Siege Preußens über Österreich 1866 eine Rolle spielte, kennt man immerhin noch den Namen: Nicolaus von Dreyße (geb. 1787 in Sömmerda). Ein berühmt gewordener Thüringer ist auch Johann August Röbling (geb. 1806 in Mühlhausen). Er hat u. a. die große Brücke über die Niagarafälle in USA gebaut. Als Orgelbauer haben sich die

Familie Schulze (aus Milbitz) in Paulinzella und die Familie Buchholz aus Schloßvipach Ruhm geschaffen. In Laucha besteht Deutschlands bisher einziges Glockenmuseum, und die großen Glokkengießerfamilien dieses Städtchens sowie jene von Rudolstadt und Apolda sind in aller Welt bekannt. Zwei große und berühmte Klavierproduzenten sind gebürtige Thüringer: Carl Bechstein aus Gotha (geb. 1826) und Julius Blüthner aus Falkenhain bei Merseburg (geb. 1824). Drei Thüringer sind maßgeblich an der Erfindung des Porzellans beteiligt: neben dem 1682 in Schleiz geborenen Johann Friedrich Böttger, der die Meißner Manufaktur geschaffen hat, der aus Cursdorf (geb. 1723) stammende Georg Heinrich Macheleid und der 1732 in Limbach geborene Gotthelf Greiner, der die ausgedehnte thüringische Porzellanindustrie ins Leben gerufen hat.

Die Tätigkeit der Glasherstellung in Thüringen läßt sich bis ins 12. Jahrhundert zurückverfolgen. In Fehrenbach wurden die ersten Glashütten eingerichtet. Einige Zeit später folgte Lauscha, wo es, wie berichtet wird, einen Künstler gegeben hat, der auf einer selbsthergestellten Glasharmonika mit angefeuchteten Fingerspitzen eine geradezu himmlische Musik zu spielen verstand. In Lauscha werden auch die Puppen- und Tierglasaugen für die Sonneberger Spielzeugindustrie fabriziert. Heinrich Geißler (geb. 1814), Sohn eines Glasperlenmachers aus Igelshieb, konstruierte die einzigartige Quecksilber-Luftpumpe und die berühmten Geißlerschen Röhren sowie vielerlei andere komplizierte Geräte; und der Glasmachergeselle Wilhelm Berkes hat in Stützerbach am Rennsteig das erste Thermometer angefertigt. Von allen berühmten Männern der thüringischen Glasindustrie war Ernst Abbe der bedeutendste. In Zusammenarbeit mit Dr. Schlott gelang es ihm durch die mathematische Berechnung des Vergrößerungsgrads geschliffener Linsen und die Herstellung von einwandfreiem Glas, Mikroskope, Fernrohre und photographische Objektive zu konstruieren, wie sie die Welt vorher nicht kannte. Mit Carl Zeiss (geb. 1816 in Weimar) zusammen hat er die Zeisswerke errichtet, deren einzigartige Planetarien heute in vielen Städten der Welt wie moderne Weltwunder betrachtet werden. Neben einem epochemachenden wissenschaftlichen und industriellen Fortschritt hat der Mensch Abbe durch die frühzeitige Einführung des Achtstundentages, eine vorbildliche Arbeiterfürsorge und eine nicht weniger beispielhafte Bildungsarbeit innerhalb der Zeiss-Belegschaft eine Pionierarbeit zur Lösung der sozialen Frage vollbracht, die heute noch wegweisenden Charakter bekundet.

Von der großzügigen Bildungsarbeit der Zeissstiftung ist es nur ein ganz kleiner Schritt mitten hinein in die fruchtbare Tätigkeit der thüringischen Volksbüchereien und Volkshochschulen. Eduard Weitsch hat als Vater der Volkshochschulen in Thüringen auf pädagogischem Gebiet und im Bereiche der sogenannten Erwachsenenbildung Großes geleistet. Buchdruck und Buchbinderei gibt es in Thüringen, von Erfurt ausgehend, seit 1482. Die berühmte Druckerei „Zum schwarzen Horn" in Erfurt hat das Rechenbuch von Adam Riese erstmals gedruckt. Später hat Wilhelm Braumüller (geb. 1807 im Walddorf Zillbach) nach einer Eisenacher Buchhandelslehre einen angesehenen wissenschaftlichen Verlag in Wien gegründet. Auch Joseph Meyer, der tatkräftige Gründer des Bibliographischen Instituts — anfangs in Gotha, dann in Hildburghausen, später in Leipzig —, stammt aus Thüringen: er wurde 1796 in Gotha geboren. Am gleichen Ort wirkte der aus Rudolstadt stammende Verleger Justus Perthes (geb. 1749), dessen Neffe Friedrich Christoph Perthes während der Freiheitskriege einen theologisch-historischen Verlag — zunächst in Hamburg, nachher in Gotha — betrieben hat und gemeinsam mit seinem Sohne Friedrich Andreas sich um die Gesamtorganisation des deutschen Buchhandels sehr verdient machte. Aus Langensalza stammt der 1816 geborene Ernst Keil: Gründer und Redakteur des im 19. Jahrhundert weitverbreiteten Wochenblatts „Die Gartenlaube". Joseph Kürschner (geboren in Gotha 1853) gründete die riesige Bibliothek der „Deutschen Nationalliteratur" und den heute noch erscheinenden periodischen „Allgemeinen deutschen Literaturkalender". Internationalen Ruf besitzt von lange her das in Jena ansässige medizinisch-wissenschaftliche Verlagshaus Gustav Fischer. Den Abschluß dieser stattlichen und ruhmvollen Galerie führender Buchverleger, die in Thüringen beheimatet sind, möge der bereits erwähnte große Jenenser Kulturverleger Eugen Diederichs bilden: in Löbitz bei Naumburg wurde er 1867 geboren.

Zeugnisse alter Kulturen auf thüringischem Boden greifen bis in die nebelhaften Bereiche vorgeschichtlicher Zeit zurück. Bis in die letzte Zwischenzeit hinein hat die Höhlenforschung hier menschliche Spuren entdecken können. Reste einer hochentwickelten Kultur der jüngeren Steinzeit bieten die Funde der sogenannten Schnurkeramik. Das zwischen Bergen und Tälern wechselnde, reichgegliederte Land hat von frühe an die unterschiedlichsten Völkerschaften von allen Seiten her angezogen. In der späteren Bronzezeit sind von Westen und Südwesten her die Kelten in die Gebiete westlich der Saale vorgedrungen. Anschließend sind germanische Stämme von Norden her eingewandert. Sie haben die Kelten immer weiter nach Süden zurückgetrieben und sind selber gleichzeitig nach Osten vorgestoßen. Die nach der Rhön ausweichenden Kelten haben auf der Steinsburg bei Römhild, einer ihrer vermutlich stärksten Befestigungen, eine Fundgrube von Waffen, handwerklichen Fertigungen und anderen Schätzen zurückgelassen. Zwei Jahrhunderte vor Christi Geburt begann sich die germanische Besiedlung zu verdichten. Beteiligt waren vor allem die Hermanduren und die Katten. Durchziehend sind aber auch die Sueben beteiligt gewesen. Im 3. Jahrhundert nach Christi Geburt treten von Norden her die aus Schleswig stammenden Angeln und die anfänglich in Holstein ansässig gewesenen Warnen maßgeblich in Erscheinung. In einer fruchtbaren Mischung mit den älteren Volksschichten gelingt ihnen die Gründung des thüringischen Königreichs, das im Jahre 531 zerfällt. Die Herrschaft fällt nun zunächst an die Franken, doch knapp zwei bis drei Generationen später dringen die slawischen Stämme der Sorben und Wenden bis zur Saale vor, überschwemmen die östlichen Teile des Landes und fassen auch in einzelnen Gebieten des westlichen Thüringen Fuß. Im 10. Jahrhundert vollzieht sich die große germanische Rückeroberung, die aber weithin die slawischen Bewohner im Lande verbleiben läßt, die sich nach anfangs dienender Stellung zunehmend mit der Herrenschicht der Franken vermischen. Im Laufe von drei Jahrhunderten erfolgt nun eine durchgreifende Kultivierung der riesigen Wald- und Sumpfgebiete, die sich im östlichen Thüringen bis zum Osterland, dem sächsischen Grenzgebiet an den Ufern der Elster und Pleiße, hinzogen. Klöster und Burgen werden errichtet. Das ganze Land wird planmäßig und großzügig kultiviert. Südlich vom Harz siedeln sich Schwaben und Friesen an. Im 12. Jahrhundert kommen bei Erfurt, Orlamünde und an anderen Stellen Flamen ins Land. Den tragenden Kern der thüringischen Bevölkerung aber bilden nach wie vor die erwähnten älteren Volksgruppen, was sich eindeutig aus der ersten uns überlieferten thüringischen Rechtsordnung aus dem Übergang vom 8. zum 9. Jahrhundert ablesen läßt, die „Lex Anglorum et Werinorum, hoc est Thuringorum" hieß. Eine zusätzliche Mischung hat sich im Norden bis zur Unstrut durch die Obersachsen und im Süden bis zur Werra und an die westlichen Ränder des Thüringer Waldes durch die ständig einströmenden Franken und Hessen ergeben. Die Franken legten an wichtigen Verkehrspunkten Siedlungen an und gründeten Städte wie Frankenhausen, Mühlhausen, Nordhausen, Sangerhausen und Sondershausen. Sie haben später auch weite Teile des Eichsfelds besiedelt. Aus anfänglichen militärischen Stützpunkten entwickelten sich im Laufe der Zeit Handelsknotenpunkte. Wälder wurden gerodet. Eine bemerkenswerte Besiedlung der höhergelegenen Gebiete des Thüringer Waldes beginnt aber erst nach dem Jahre 1200. Damals hat die Entwicklung des heute noch für Thüringen charakteristischen Waldgewerbes ihren Anfang genommen.

Aus der Zeit der fränkisch-thüringischen Besiedlung des Osterlandes rührt vermutlich die kräftige, hochgewachsene Erscheinung der Altenburger Bauern, bei denen sich neben dem germanisch-fränkischen Herkommen noch deutlich flämische Merkmale ermitteln lassen. Eine ungemein vielfältige Stammesmischung hat hier in der deutschen Mitte zu stark harmonisierendem Ausgleich geführt. Doch wird, wer genau beobachtet, auch heute noch zwischen den Bewohnern der gebirgigen Waldgebiete und denen in den Ebenen zwischen Unstrut und Saale manchen Unterschied spüren. Auffallend ist in Thüringen ein ziemlich regelmäßig mittleres Größenmaß der Menschen. In manchen Gegenden stellen kleine oder lange Gestalten Ausnahmen dar und geben Anlaß zu Spott und drolligen Spitznamen. Die innere Wesensanlage der einzelnen Thüringer ist mitunter vom einen zum nächstbenachbarten Ort oder über einen schmalen Höhenzug hinweg sehr verschieden. Besonders deutlich bewahren die Waldbewohner ihre sich von den Menschen der Niederungen abhebende Natur.

Besucher, die aus nördlicher Richtung kommen, empfinden den thüringischen Menschenschlag oft als weich. Tatsächlich aber ist die thüringische Sprechweise schwerer und härter als die der benachbarten Sachsen. Lediglich in der Altenburger Gegend fällt der weiche und singende Ton auf. Eine gemütliche Wesensart, die man durchaus treffend auch treuherzig nennen kann, trennt den thüringischen Menschen klar ab von der Kühlheit der Preußen. Sie zeigt ihn im Umgang mit Fremden geistig beweglich, von Herzen beschwingt, meist freundlich und liebenswürdig. In den Gasthäusern und Schenken fällt das durchweg wohltuend auf. Der Thüringer besitzt einen starken Zug zur Geselligkeit, ist nicht gern allein und bekundet viel Lust zum Wandern. Aber der Wäldler hält innig an der Heimat fest. Große und weite Reisen zu machen, liegt ihm nicht. Sogar die Wanderhändler, deren es nach wie vor in Thüringen viele gibt, schätzen es gar nicht, allzu weit über den Bezirk der engeren Heimat hinauszuziehen. Bedächtigkeit, planendes Abwägen und Solidarität im Handeln bei nüchternem Festhalten an Bewährtem und Althergebrachtem, verbunden mit Besitzstreben und Sparsamkeit zeichnen die alteingesessene Landbevölkerung im nördlichen Thüringen aus. Hier ist der bleibende Einfluß der Obersachsen spürbar, während im Bergland und im Süden fränkische Lebhaftigkeit stärker durchbricht. Da springt lebhaft frohe Geselligkeit auf, gedeihen Humor und schlagfertiger Witz, laufen possierliche Streitbarkeit und neckende Wortgefechte bunt durcheinander. Auch kann man da allerlei grobschlächtiges Angebot von mitunter sehr originellen Schimpfworten studieren. Heißsporne gedeihen. Scharfer Verstand paart sich mit starkem Interesse an jedweder Neuerung, schneller Auffassungsgabe und einer Leidenschaft zu politischem und geistigem Disput, die man nicht nur in den Städten, sondern gerade auch in den Dorfwirtshäusern erleben kann. Es geht bei allen Auseinandersetzungen sehr lebhaft zu. Die Kunst der Verstellung, die Freude am Verkleiden bei Festen und Hochzeiten beherrscht das Volk von Jugend auf. Fopperei und Hänselei wird auf Schritt und Tritt betrieben.

An den Höfen der vielen kleinen Residenzstädtchen hat in der Fürstenzeit sicherlich mancherlei Luxus geherrscht. Auch die Schicht der städtischen Großbürger hat sich allerlei Komfort und Genuß geleistet. Die breiten Volksschichten in Thüringen haben zu allen Zeiten hart arbeiten und mit bescheidener Lebensführung sich begnügen müssen. Vor allem im Waldgebiet hatte und hat die Frau kein leichtes Leben. Das Tragen schwerer Lasten gehört zum Alltag. Die Wäldlerfamilien sind meist reich an Kindern. Neben der Hausarbeit wirken die Frauen häufig bei der Heimarbeit mit. Oft besorgen in den Spielwarendörfern sie und die größeren Kinder das Bemalen der Schnitzereien, die der Mann anfertigt. Dicke Speckscheiben sind selten anzutreffen. Hauptnahrung ist die Kartoffel. Unter Hinzunahme von Gemüse, Waldbeeren und Obst verstehen die Frauen des Landes, daraus eine sehr vielgestaltige und abwechslungsreiche Speisenfolge zu bereiten. Die Thüringer Klöße sind weltberühmt. Eine alte Sage aus der Meininger Gegend erzählt, diese „grünen Klöße" habe die Frau Holle erfunden, um den Thüringern einen Ausgleich zum sauren Saalewein zu bescheren. Sehr schmackhaft sind die Rostbratwürste, die an Sonntagabenden bei der Heimkehr von Wanderungen und Spaziergängen „frisch vom Rost" auf der Straße verzehrt werden. Schließlich aber ist Thüringen das klassische „Kuchenland": — da gibt es den trockenen und stark mit Zucker bestreuten Kartoffel- und Streuselkuchen, dazu die Vielfalt der „nassen" Kuchen (mit Äpfeln, Pflaumen, Beeren, Mohn, Rahm, Quark, Speck und auch Zwiebeln). Das Landvolk arbeitet fleißig und sehr intensiv, weiß aber auch auf herzhafte Art, seine Feste zu feiern. Es gibt schwerlich im Thüringer Land eine Familie, die nicht am Sonnabend ihre reichlich umfangreichen Kuchen bäckt. Nirgends wohl wird in Deutschland so ausgedehnt und anhaltend im Spätsommer und Herbst Kirmes gefeiert wie in den thüringischen Dörfern und Kirchspielen. Man bedient sich eines ausgesprochen trockenen Humors und pflegt jede Art heitere Geselligkeit. Beliebt sind Kartenspiele. Altenburg, mit großem, die Stadt hochüberragendem Schloß auf steiler Porphyrhöhe (erbaut um 1440) und ansehnlichem Renaissance-Rathaus von 1564, gilt als die Heimatstadt des Skatspiels, das von dort aus nahezu die gesamte westliche Welt erobert hat. Altenburg dürfte eine der ältesten deutschen Städte östlich der Saale sein. Es wird bereits 976 genannt. Das Skatspiel gehört unentbehrlich auch zum geruhsamen Feierabend der organisationstüchtigen Bürger, die sich im ostthüringischen Industriegebiet um Gera und Greiz eine Hochburg unternehmerischen Fleißes und wohldurchdachter Zusammenarbeit geschaffen haben. Aktiver Realitätensinn zeichnet den Ostthüringer aus.

Weiter südlich — im reußischen Oberlande — und in der Umgebung der oberen Saale kann man einer tieferen Gemüthaftigkeit begegnen. Wieweit sie vom östlich anschließenden Erzgebirge her beeinflußt ist, oder ob sie, worauf etwa die slawischen Namen der kleinen Nebenflüsse der Saale hindeuten können (Sormitz, Loquitz, Wülschnitz u. a.), nachwirkende Reste der Melancholie bedeutete, die zu den Wesenszügen östlicher Steppenbewohner gehört: das wird sich schwerlich klar entscheiden lassen. Aber es lebt in dieser südöstlichen Ecke des Landes eine auffällige Neigung zu Träumerei, verschwommener Sehnsucht und einer gelassenen Hinnahme menschlichen Schicksals, wie sie in Mitteldeutschland und seiner starken Regsamkeit sonst nicht oft angetroffen wird.

Die starke Aktivität der meisten Thüringer im Bunde mit einer sehr großen Wendigkeit befähigt den sehr widerstandsfähigen Volksstamm zu immer neuen Unternehmungen. Ein Thüringer läßt sich nur sehr schwer unterkriegen. Nach Verlusten, Enttäuschungen und Zusammenbrüchen wird er selbst unter kargen Bedingungen immer von neuem beginnen, aufzubauen und mit angeregter Phantasie von vorn anzufangen. Am Beispiel der Stadt Ruhla ist schon aufgezeigt worden, wie sich dieser Wesenszug durchsetzt. Nach Schablone arbeiten, einem Mechanismus sich einordnen, dem Gleichmaß und der Mittelware dienen, dazu empfindet er nur geringe Neigung. Er besitzt einen starken Formsinn und legt Wert auf eine eigenbetonte Prägung. Am schmückenden Beiwerk hat er viel Freude. Das ganze Persönliche bis hin zur Originalität gehört zu den bestimmenden Eigenschaften vor allem der Gebirgler. Daneben gedeihen eine starke Neigung zu Kritik und Lust am Opponieren im Bunde mit einem gestrengen Sinn für Rechtlichkeit. Hier mögen einmal die stammesmäßigen Wurzeln zum reformatorischen Vorstoß Martin Luthers zu suchen sein wie auch der Beweggrund zu Nietzsches bekanntem Wort vom Thüringer als dem „geistigen Feldwebel Deutschlands". In der großen Tragödie des Thüringer Waldes, dem „Erbförster", hat Otto Ludwig, der in Eisfeld Geborene, dieser starken Willenszähigkeit seiner Landsleute ein bedeutsames Denkmal gesetzt.

Im seelischen Bereich bekundet der Thüringer eine sehr innige Verbundenheit mit der Natur, die aus den Tannen-, Fichten- und Buchenwäldern des Landes stammen mag und in mancherlei klassischen Versen zu kristallener Formung gelangt ist. Es dürfte keineswegs zufällig sein, daß das so schwer in andere Sprachen zu übersetzende grunddeutsche Wort „Gemüt" zuerst vom Meister Ekkehart, dem großen Mystiker des thüringischen Lebensraums, sinnvoll angewendet worden ist. In seiner Frühzeit hat das thüringische Volk eine Fülle von Märchen und Sagen ersonnen, die heute noch in den Wäldern und auf den Dörfern von Mund zu Mund erzählt werden. Ob sie aus dem Waldesduft und den Flußnebelschauern des Landes selber aufgestiegen sind oder ob die Kräfte der aus allen Himmelsrichtungen hier zusammenströmenden Völkerschaften alle miteinander das Raunen ihrer geheimsten und ureigensten Sehnsüchte im Herzraum des Volkes ineinanderfließen ließen, vermag keiner mehr mit Sicherheit zu sagen. Die thüringischen

Waldmenschen haben gewiß außerdem noch manchen Märchensang den Vögeln abgelauscht, die sie über alles lieben. Das Städtchen Ruhla gilt seit langem schon als die große Domäne der Volksbegeisterung für Tauben und Finken. Es soll heute noch Wäldler geben, die bis zu dreißig Finkenschläge mit feinem Ohre zu unterscheiden imstande sind. Die früher stark betriebene Vogelstellerei ist im Grunde wahrscheinlich nur ein dumpfes Abirren dieser Verliebtheit in die gefiederte Sängerwelt gewesen. Dompfaffen und besonders gern auch Kreuzschnäbel werden in den düsteren Hütten droben auf den Berghöhen nach wie vor im Bauer gehalten. Ihr Gezwitscher erfreut die gesamte Familie. Eine „Anweisung über thüringische Finkenzucht" ist schon im Jahre 1433 gedruckt worden und hat weite Verbreitung gefunden. Von der Liebe und Pflege des Vogelgesangs ist gewiß auch die starke Musikalität des thüringischen Volksstammes nicht unberührt geblieben. Lied und Tanz gehören zu jeder, auch einer kleinen Festlichkeit. Jedes Dorf besitzt seinen Gesangverein, und die alte Sage vom Sängerkrieg auf der Wartburg findet an den Wochenenden noch in jedem Gasthause ihre Nachfolge. Die unbekümmert und froh jederzeit zwitschernden und jubelnden Singvögel sind dem thüringischen Menschen noch auf eine andere, ebenso schlichte wie ergreifende Art Symbol: in Tälern und auf Bergeshöhen, zwischen Felsenschluchten und an gemächlich sich hinziehenden Flußufern erhebt er, den oft karge und äußerlich bedrükkende Daseinsbedingungen einengen, frohgemut und heiter seinen Geist zu weitschauendem Denken und in die lichte Höhe eines überlegenen Freiheitssinn, wozu sich ihm eine traute Heimatverbundenheit gesellt, wie wir sie in Deutschland auf vergleichbare Art sonst nur bei den Ostpreußen und Schlesiern anzutreffen gewohnt sind. „In dem Gedanken Heimat umarmen sich alle unsere guten Engel": — dieser schöne Satz, der von Otto Ludwig stammt, bewegt im Grunde das Herz eines jeden aus Thüringen stammenden Menschen, völlig gleichgültig, in welchem Weltstrich wir ihn antreffen. Heimatverbundenheit, Naturlauschen, Märchenzauber und die Liebe zum Vogellied haben alle miteinander geholfen, den Großleistungen der musikalischen Genies des Landes den Boden zu bereiten.

Beliebt sind besonders bei den Wäldlern, die sie meistens selber herstellen, aber auch sonst in Stadt und Land ganz Thüringens, die unmittelbar aus der Natur bezogenen und altbewährten Heilmittel. Es gibt da in vielen Ortschaften Familien, in denen sich das Sammeln von Kräutern, das Mischen und Destillieren durch Jahrhunderte von Generation zu Generation vererbt hat. Fünf bis sechs Dutzend einheimisch thüringische Spezialheilmittel vermag der Kenner aufzuzählen. Man kann sie in Apotheken und Drogerien, beim Gemischtwarenhändler kaufen. Sie werden aber allermeist durch Hausierer von Ort zu Ort gebracht. Berühmt ist neben mannigfachen Kräuterpillen vor allem die Hienfong-Essenz, die in keiner Hausapotheke fehlt und Zahnschmerz, Kopfweh und auch das Leibweh kuriert, mal mit einem Stück Zucker eingenommen und in anderen Fällen massierend eingerieben wird; ferner Karmelitergeist, Engelbalsam, Lebensöl, Bergöl, Stinkbalsam, unterschiedliche Magentropfen, dazu das Meurasische Pflaster.

Die Volkstrachten, die in früheren Zeiten im Brauchtum unserer Volksstämme eine hervorragende und ungemein reizvolle Rolle gespielt haben, sind während der letzten Jahrzehnte immer stärker in den Hintergrund getreten und großenteils auch in Thüringen nahezu verschwunden. Immerhin halten die Frauen vielerorts noch an der alten Gepflogenheit fest, bei großen festlichen Veranstaltungen mit einer Vielzahl von Röcken zu prunken, die sie übereinander anziehen. Meist sind diese Kleider dunkelfarbig. Sie werden vorn durch eine große Schürze überdeckt. In Friedrichroda tragen die Frauen dazu ein schwarzes Kopftuch, in Brotterode häufig eine hohe Mütze mit bunten Bändern, die hinten und seitlich lang herunterfallen. Weit verbreitet und fast in allen Teilen Thüringens üblich war bis in die vorige Generation noch der sehr praktische Kindermantel aus Kattun, in dem junge Frauen ihre kleinen Kinder spazieren trugen. Bunte Halskette, farbiges Brusttuch, dunkles Mieder und kurze Hemdärmel werden bei Mädchen in den Dörfern um Vacha noch beobachtet. Man kann zuweilen auch noch Burschentracht sehen: dunkle Westen mit doppelter Knopfreihe, dazu buntes Halstuch, Jacken mit Knopfbesatz sowie weiße Kniehosen mit wollenen Wadenstrümpfen und Schnallenschuhe. Alte Männer in der altenburgischen Gegend tragen kleine Hüte, schwarzseidene Halstücher mit dunklen Tuchjacken und lederne Hosen, die unterm Knie zusammengebunden werden und in langen Stiefeln stecken.

Nach dem Jahre 1000 übernahm das Geschlecht Ludwigs des Bärtigen die Macht über Thüringen. Dessen Sohn Ludwig ist der Erbauer der Wartburg. Aber erst im Jahre 1130 ist Thüringen Landgrafschaft geworden und so zu einer einheitlichen Entwicklung gekommen. Der sagenumwobene, in vielen Dichtungen gefeierte Sängerkrieg auf der Wartburg soll 1207 unter Hermann dem Ersten stattgefunden haben. Genau vierzig Jahre später brach der thüringische Erbfolgekrieg aus, der bis 1263 gedauert hat und mit dessen Ende das Land an die Wettiner fiel. 1423 erwarb Friedrich der Streitbare das Herzogtum Sachsen und damit die Kurwürde. Dessen Nachfolger, Wilhelm und Friedrich der Zweite mit dem Zunamen „der Sanftmütige", stürzten das thüringisch-sächsische Land in einen harten Bruderkrieg. Kurz nach dessen Ausklang raubte Kunz von Kaufungen aus dem Altenburger Schloß die beiden Söhne dieses Friedrichs des Zweiten, die Knaben Ernst und Albrecht, die nachher 1485 die Leipziger Teilung vollzogen haben: das Land Thüringen und die Kurwürde kamen an Ernst, während Albrecht Meißen erhielt; ins Pleißner- und Osterland teilten sich beide. Seit dieser Zeit bestehen die zwei Linien des wettinischen Fürstenhauses: die Ernestinische und die Albertinische. Unter Friedrich dem Weisen, der von 1486 bis 1525 regierte, vollzog Martin Luther die Reformation. Wenige Jahre nach Friedrichs Tode — unter der Herrschaft Johannes des Beständigen — tobte auf thüringischem Boden der Bauernkrieg. Später folgte der Schmalkaldische Krieg, und weiterhin fügten sich Streit an Streit und Teilung an Teilung. Dem Dreißigjährigen Kriege sind in vielen Ortschaften neun Zehntel der Bewohner zum Opfer gefallen. Im Jahre 1572 begann die Gliederung des Landes in mehrere Herzogtümer. Die buntscheckige Landkarte erfuhr auch im 19. Jahrhundert noch oft allerlei Veränderungen. 1802 fiel das Erfurter Gebiet mit dem Eichsfeld an Preußen. Es kehrte erst nach über hundert Jahren in den thüringischen Verband zurück. Im Jahre 1866 traten die thüringischen Kleinstaaten dem Norddeutschen Bunde bei und 1871 dem Deutschen Reich Bismarckscher Gründung. Es gab damals das Großherzogtum Sachsen-Weimar, die drei Herzogtümer Sachsen-Meiningen, Sachsen-Coburg-Gotha und Sachsen-Altenburg sowie vier Fürstentümer: Schwarzburg-Rudolstadt, Schwarzburg-Sondershausen, Reuß ältere Linie und Reuß jüngere Linie. Nach der Revolution von 1918 vollzog Sachsen-Coburg seinen Anschluß an Bayern. Die anderen thüringischen Staaten haben sich 1920 zum Einheitsstaat Thüringen zusammengeschlossen. In dessen Landeshauptstadt Weimar tagte nach dem Ersten Weltkrieg die der „Weimarer Republik" ihre Verfassung gebende Nationalversammlung.

Bei Katterfeld im Thüringer Walde hat im 8. Jahrhundert Bonifatius die erste christliche Kapelle erbaut. Ihr folgten mannigfache Kirchen- und Klosterbauten: Bauten der Gottesverehrung und Stätten einer das ganze Volk erfassenden humanen Bildung. An der Spitze steht die im romanischen Stil erbaute ehemalige Klosterkirche von Paulinzella. Ihr Bau hat im Jahre 1105 begonnen. Das Nonnenkloster selbst war schon vorher errichtet worden. Später wurde in nächster Nähe von Benediktinern ein Mönchskloster erbaut. Im Bauernkriege sind die beiden Klöster zestört worden. Der unvergleichbar schöne Bau der Kirche zerfiel zunehmend. Die Reste seiner Pfeiler streben heute zwischen Wald und Buschwerk empor, wölben sich zu köstlichen Bogen, denen die Überdachung fehlt, und lassen das blaue Licht des Himmels bei Tage, die Sterne bei Nacht sich dem zerstörten Innenraum vermählen. Die romantische „Waldeinsamkeit" eines Ludwig Tieck und eines Caspar David Friedrich hat hier eine wahrhaft klassische Kristallisation gefunden. In Roda und an anderen Plätzen sind weitere Reste alter Klosterbauten zu sehen. Stille Besucher können dort in einsamen Tälern oder in der dämmernden Waldesstille von geist- und glaubenserfüllter Vergangenheit träumen. In Erfurt erheben sich die großen Türme des ehrwürdigen Doms hoch über der Stadt und zeugen in Architektur und Plastik vom meisterlichen Können früherer Jahrhunderte. Auch sonst ist Thüringen an Kirchenbauten reich. Gleich neben dem katholischen Dom in Erfurt, dem alten Erpesfurt, das schon Bonifatius als Bischofssitz erwählte, steht die evangelische Severikirche. Beide Bauten stammen aus dem 11. Jahrhundert. Das Zusammenspiel ihrer Türme beschenkt die Stadt, in der sich jahrhundertelang die erste deutsche Voll-„Universität" befunden hat (gegründet 1392 und 1816 aufgehoben), mit einer einzigartigen Stadtkrone. Übrigens sind Ulrich von Hutten und auch Martin Luther Studenten der Erfurter Alma mater gewesen. In Erfurt wie in anderen größeren und kleineren Städten des Landes trifft man neben neuzeitlichen Bauten auf Schritt und Tritt alte Stadttore, stille Plätzchen und Winkel, reizvolle Gäßchen, wuchtige Rathäuser, alte Handelshöfe und sehenswerte Bürgerhäuser: sämtlich Zeugnisse edler Baukunst und erlesenen Geschmacks. Noch lebendiger spricht die mittelalterliche Lebensart zu uns aus den Thüringer Burgen und Burgruinen. Erhaben ist der allein zutreffende Ausdruck für die Wartburg bei Eisenach. Inmitten von Buchenwaldungen auf Bergeshöhen leuchtet sie weithin ins Land: Mahnmal der Großzeit des Rittertums und des Minnesangs. Sie hat den Wettstreit Wolframs von Eschenbach und Walters von der Vogelweide erlebt. Vor ihren Toren bewirkte göttliche Gnade das Rosenwunder der heiligen Elisabeth. Hier hat Luther die Bibel übersetzt und trotzig dem Teufel widerstanden; und 1817 haben die Burschenschafter — Studenten aller deutschen Universitäten — darin die Jubelfeier der Reformation begangen, zugleich aber den reaktionären Mächten leidenschaftlichen Kampf angesagt und sich deutscher Freiheit und Einigkeit verschworen. Die Wandgemälde Moritz von Schwinds im Burginnern sind Denkmäler reicher Gemütstiefe. Rudelsburg und Saaleck sind im Volkslied verankert. Zur Saale hinunter grüßen ferner Schönburg, Camburg und von besonders steiler Höhe die Dornburger Schlösser. Bei Jena sind die Ruinen des Fuchsturms und der Kunitzburg verbliebene Reste der drei Hausbergburgen. Dazu kommen die Lobedaburg, die Leuchtenburg bei Kahla, die Kempte bei Orlamünde, die Heidecksburg in Rudolstadt und der Hohe Schwarm bei Saalfeld sowie die Osterburg bei Weida. Bei Probstzella erhebt sich der Lauenstein (jetzt zu Oberfranken gehörig und dereinst Besitztum der Grafen von Orlamünde), an der südlichen Landesgrenze die Heldburg. Im Landesinnern grüßen die Drei Gleichen, bei Pößneck die Burg Ranis, und den Norden beherrschen die Eckartsburg nordöstlich von Apolda und der Normannstein bei Treffurt. Und viele andere Burgen und Denkstätten kommen noch hinzu, die aufzuzählen der Raum nicht reicht. Sagenumwoben ist beinahe eine jede von ihnen.

Überhaupt ist das thüringische Land an Sagen überreich. Wohlwollende Glücksgeisterchen wohnen neben Unholden und Kobolden. Drachensagen gehen an vielen Stellen des Landes um. Der wilde Jäger rast zwischen Wetterwolken. Anderswo beherrscht Frau Holle ihr Reich. Im Hörselberg wohnt die Frau Venus und bei ihr der Ritter Tannhäuser. Auch Inselsberg — höchste Erhebung des Thüringer Waldes — sowie Schneekopf, Kikkelhahn und Ettersberg haben ihre Sagen zu eigen. Jeder Thüringer wird bereitwillig die schöne Sage untadeliger Frauentreue erzählen, deren Schauplatz die Drei Gleichen waren. An der Bretterwand des bescheidenen Jagdhäuschens auf dem Kickelhahn ist unverändert Goethes Handschrift heute noch zu lesen:

*Über allen Gipfeln ist Ruh.*
*In allen Wipfeln spürest du*
*Kaum einen Hauch;*
*Die Vögelein schweigen im Walde;*
*Warte nur, balde*
*Ruhest du auch.*

Es gibt außer in Weimar bei Manebach, in Tiefurt, bei Stützerbach und Schwalbenstein, in Ilmenau, beim Hermannstein gar viele Orte und Plätze, wo wir auf Goethes Spuren stoßen. Nicht allzu weit von Paulinzella betreten wir die Friedensstille des romantischen Schwarzatals, grüßt uns das idyllische Schloß Schwarzburg. 168 Kilometer lang ist der Rennsteig, der den einsamen Wanderer fortwährend neu mit herrlichen Landschaftsblicken überrascht. Von dort her kann er auch das majestätische Schloß Burgk besuchen. Von Saalfeld aus führen Zugänge über Leutenberg und Lehesten hinauf zum mächtigen Stauwerk, einer Großleistung moderner technischer Baukunst. Dem heiteren Werratal gesellt sich neben Saale und Unstrut das anmutige Auental der Ilm mit Bad Berka und Blankenhain, den Parkanlagen von Weimar und Tiefurt bis hin zum Dorf Oßmannstedt, auf dessen Friedhof Wieland begraben liegt.

Längst schon haben wir uns bei solcher Wanderung hineinweben lassen in die Harmonie aus Landschaft und Geist, Kunst, Dichtung und Natur dieses gesegneten und geheiligten Landes und in die sich täglich erneuernde Gnadenmacht seiner Genien. Was wäre heutzutage noch geistlebendig vom Weimarer Hof, wenn dort nicht Goethe gewirkt hätte und neben ihm Schiller, Herder, Wieland? Hier sind Menschen über Jahrzehnte hin in einer Zeit, die nach langen und aufreibenden Kriegswirren vielfältig wirtschaftliche und soziale Nöte zu lösen hatte, mit großer Hingabe und Liebe tätig gewesen, die Natur zu verschönen, aus Wildnis Gärten und Parks zu formen, mit Anmut sich den schönen Künsten zu widmen und auch sich selbst und ihresgleichen aufs eindringlichste zu humanisieren. Für unsere Gegenwart könnten wir aus den Bemühungen des Weimarer Musenhofs mancherlei lernen, wenn wir seine Zielsetzung richtig verstehen. Ästhetik und soziales Verantwortungsgefühl sind keineswegs schroffe Gegensätze: auch das wäre wohl vom Dichter und Staatsmann Goethe zu lernen und ist im Grunde durchaus thüringischen Geistes.

Fast alle die Höfe der Duodez-Fürsten sind zu ihrer Zeit kultur- und geistfördernd gewesen. Neben der Theaterstadt Meiningen nahm Weimar die entscheidend führende Stelle ein. Der Ort ist schon 975 erstmals urkundlich erwähnt. Schon in früher Zeit regierten dort die Grafen von Weimar-Orlamünde, später die Wettiner, Residenzstadt ist Weimar von 1547 an ohne Unterbrechung gewesen. Die Herzogin Anna Amalie schuf durch die Berufung Wielands die ersten Voraussetzungen für den späteren Musenhof, der unter Karl August seine Blütezeit erlebt hat. Dieser fürstliche Freund Goethes gründete 1779 eine Zeichenschule und 1791 das heute noch berühmte Hoftheater. In der nachgoethischen Zeit gab es eine Spätblüte unter der Herrschaft Karl Alexanders (Karl Augusts Enkel, 1853—1901) bei Mitwirkung von Franz Liszt, Dingelstedt und Hoffmann von Fallersleben. Im Jahre 1860 wurde die Kunsthochschule errichtet und 1863 das Landesmuseum eröffnet. An der alten Stadtkirche, die um 1730 umgebaut wurde, hat der 1685 in Eisenach geborene Johann Sebastian Bach zwischen 1708 und 1717 als Organist gewirkt und Herder zwischen 1776 und 1803 gepredigt. In der Kirche hat Herder auch seine letzte Ruhestätte gefunden. Das große Altarbild gehört zum Schönsten, was Lucas Cranach der Ältere geschaffen hat. Im ehemaligen Kassengewölbe auf dem Jakobsfriedhof geschah die erste nächtliche Beisetzung Schillers, dessen sterbliche Reste später in die Fürstengruft überführt worden sind, wo sein Sarg nun neben dem Goethes steht. Das an der Ilm liegende Schloß ist 1774 völlig abgebrannt. Zwischen 1790 und 1803 erfolgte der Neubau. Der noch erhaltene Turm und ein Torgebäude dürfen als Reste eines Vorläufers der alten Wilhelmsburg angesehen werden, der mitunter auch unterm Namen Hornstein genannt wird. Die Schloßräume bergen neuerdings Kunstsammlungen der klassischen Zeit, auch Italiener und Niederländer des 16.—18. Jahrhunderts. Gegenüber vom Schloß steht das sogenannte Rote Schloß (Bauzeit 1574—1576) und das Gelbe Schloß (errichtet 1704): heute Verwaltungsgebäude. Und unmittelbar daneben befindet sich das Fürstenhaus (Baujahr 1770—1774). Die große Landesbibliothek (1563 erster Bau, Umbau 1766) enthält über 400000 Bände und an die 10000 Landkarten. Geht man vom Fürstenplatz am Hause der Frau von Stein und dem im Westöstlichen Diwan verewigten Gingko Biloba vorbei, so betritt man alsbald das zum Park verwandelte Ilmtal mit Goethes idyllischem Gartenhäuschen, dem Römischen Haus und anderen romantischen Bauwerken sowie einem Shakespeare-Denkmal (steht seit 1945 nicht mehr im Park, sondern beim Schloß). Als Nationalheiligtümer gelten Goethes Haus am Frauenplan und das bescheidene Schillerhaus in der Schillerstraße. Das Doppelstandbild der beiden Dichter vorm Nationaltheater (Entwurf von Rietschel) zeigt die Weimarer Geistesfürsten so, wie das Volksempfinden sie sieht. Dicht dabei steht das Wittumspalais mit sehr sehenswerten Sammlungen: in diesen Bau hatte sich die Herzogin Anna Amalia zurückgezogen, als ihr Sohn die Regierung des kleinen Landes übernahm. Unweit der Stadt liegen das alte Jagdschloß Belvedere (neuerdings Rokokomuseum), im Süden und nach Nordosten zu das Lustschlößchen Tiefurt inmitten eines ausgedehnten Parks, in dem im Sommer 1782 Goethes „Fischerin" uraufgeführt wurde.

Unternehmen wir nun, vom Geiste Weimars angeregt, einen kurzen Streifzug durch die Schöpfungen thüringischer Menschen auf den Gebieten der bildenden Kunst, der Literatur und Dichtung und schließlich der Musik: — In der Glas-, Porzellan-, Spielwaren- und Puppenfabrikation spüren wir überall den eingeborenen künstlerischen Sinn des Thüringer Volkes am Werke. Er entwickelt sich aus Naturverbundenheit, Heimatliebe, Geschmacksbegabung und einer innigen Gemüthaftigkeit und gedeiht beinahe in jedem Dorf, während individuelle Großleistungen im Bereiche der bildenden Künste fehlen. Aber gerade auf dem Gebiet einer allgemeinen Geschmackskultivierung ist der 1867 in Naumburg geborene Paul Schultze-Naumburg als Maler, Baumeister und Innenarchitekt sehr aktiv gewesen — und auch erfolgreich. Aus Pößneck stammt (geboren 1844) der Bildhauer Robert Diez; er war Schillings Schüler in Dresden. Goethe selber hat die 1806 in Weimar geborene Bildhauerin Angelica Facius gerühmt. Von Malern seien erwähnt: der Schöpfer der berühmten Odysseebilder Friedrich Preller aus Eisenach (1804—1878) und sein Schüler Edmund Friedrich Kanoldt aus Großrudestedt (1845—1904). Den jüngeren Lucas Cranach mag man von der mütterlichen Seite her zu den Thüringern zählen. Märchensammler sind Ludwig Bechstein (geb. 1801 in Weimar) und Carl August Musäus (geb. 1735 in Jena) gewesen. Einer der Minnesänger — Heinrich von Morungen — stammt von der gleichnamigen Burg dicht bei Sangerhausen. Natürlich hat auch hier wieder der Name Goethe zu stehen: es ist erwiesen, daß Thüringen nicht eigentlich bloß Goethes Wahlheimat war, sondern die väterliche Linie aus Berka bei Sondershausen kommt. Erst Goethes Großvater ist aus Thüringen nach Frankfurt am Main gewandert. Und auch die Ahnenreihe der Frau Aja, Goethes Mutter, mündet in Thüringen. Ein Zeitgenosse Goethes mit nicht gerade gutem Ruf — August von Kotzebue — kam 1761 in Weimar zur Welt. Der leicht beschwingte Rudolf Baumbach stammt aus Kranichfeld (geb. 1840). Walter Flex, der Sänger des Ersten Weltkriegs, war in Eisenach gebürtig (1887). Mannigfaltig sind die aus Thüringen stammenden Erzähler in buntem Wechsel: den „Heinrich von Ofterdingen" des Novalis wollen wir an die Spitze stellen. Zu ihm gesellten sich, sehr viel realistischer angelegt, der aus dem Dorfe Poserna stammende Johann Gottfried Seume (geb. 1763) mit seinem „Spaziergang nach Syracus" und der leidenschaftliche, sinnenfrohe Wilhelm Heinse aus Langenwiesen (geb. 1749) mit dem Künstlerroman „Ardinghello" sowie Goethes Schwager Christian Vulpius (geboren in Weimar 1762) mit dickleibigen und zu seinen Lebzeiten erfolgreichen Räuberromanen. Vom 1813 in Eisfeld geborenen Otto Ludwig wurde bereits gesprochen: im Grunde darf man ihn den großen thüringischen Volkserzähler nennen. Beliebt war noch über den Ersten Weltkrieg hinaus das erzählerische Werk der Weimaranerin Helene Böhlau (geb. 1859). Ihre „Ratsmädelgeschichten" erlebten sogar einen großen Erfolg. Noch immer finden die Erzählungen von Luise von François (geboren 1817) erfreute Leser: „Die letzte Reckenburgerin" — „Frau Erdmuthens Zwillingssöhne". Vorzügliche und hintergründige Deuterin thüringischen Dorflebens war die fast vergessene, aus der Mark stammende Marthe Renate Fischer (geb. 1851). Und dann — darf man sie offenherzig die „Volksklassikerinnen" nennen? — seien die Schreiberin der Gartenlaube-Romane Marlitt (bürgerlich Eugenie John, geb. 1825 in Arnstadt) und die gefällig-seichte Hedwig Courths-Mahler aus Nebra an der Unstrut (geb. 1867) als offensichtlich typische Thüringerinnen aufgeführt. August Trinius (geb. 1851) stammt aus Schkeuditz bei Halle, ist aber durch eine Vielzahl von Werken thüringischen Kolorits durchaus zum Landsmann geworden. Friedrich Lienhard wurde 1865 im Elsaß geboren, ist aber lange in Weimar und Eisenach ansässig gewesen; er schrieb ein „Thüringer Tagebuch" und mehrere Bände „Wege nach Weimar". Kurt Kluge (1886 bis 1940) schrieb außer einem gediegenen Glokkengießerroman mit dem „Herrn Kortüm" eine handfeste Art thüringischen Don Quichote. Paul Schreckenbach (geb. 1866) schrieb ritterliche Heimatromane: „Um die Wartburg", „Die letzten Rudelsburger". Der Lyriker Rudolf Hagelstange stammt aus Nordhausen.

Von den großen deutschen Musikern stammt Heinrich Schütz (geb. 1585) aus Köstritz. Johann Sebastian Bach wurde 1685 in Eisenach geboren und viele andere Angehörige der Musikerfamilie Bach sind im thüringischen Lande daheim. Mit Bach während der Eisenacher Zeit befreundet, war Georg Philipp Telemann (geb. 1681). Händel — nur 27 Tage älter als Bach — gehört ins sächsisch-thüringische Grenzgebiet. Seine Vaterstadt ist Halle. Richtiger Thüringer ist der aus Gräfenroda stammende, im bürgerlichen Beruf als praktischer Arzt tätige alte Wandervogel Hans Breuer, dem wir die berühmte und beliebte Liedersammlung des „Zupfgeigenhansl" zu danken haben. Wo anders hätte dieses volkstümliche Buch entstehen können als im heiter beschwingten und sangesfrohen Lande Thüringen?

Eugen Diederichs war nicht nur Verleger und Buchhändler, er war außerdem eine große pädagogische Persönlichkeit. Er gehört zu den Vätern der Jugendbewegung, und ihm gebührt ein sehr respektabler Platz, wenn wir eine Liste großer thüringischer Erzieher aufstellen wollen. Diese hat mit Eckart von Hochheim zu beginnen, Prior des Dominikanerklosters zu Erfurt und Ordensvikar von Thüringen, der um 1260 in Tambach geboren wurde und als Magister theologiae sacrae an den Universitäten Paris, Straßburg und Köln eine weitwirkende Lehrtätigkeit entfaltete. Durch seine in deutscher Sprache geschriebenen Predigten ist er ein Volkserzieher von hohem Rang geworden. Im alten Eisenach ist der Knabe Luther zur Schule gegangen, und Eisenach ist ihm bis zuletzt seine „liebe Stadt" geblieben. Mit Luthers Sendschreiben „An die Ratsherren aller Städte deutschen Landes, daß sie christliche Schulen aufrichten und halten sollen" fängt im deutschen Bereich der Gedanke der Volkserziehung und des allgemeinen Schulwesens eigentlich erst an, in seiner großen Bedeutung für jegliche Menschwerdung umfassend begriffen zu werden. Mit der allgemeinen Volksschule erst wird das Mittelalter überwunden. Den ersten Stiftungsbrief der allgemeinen deutschen Volksschule hat — lange nach Luther — ein Thüringer, der aus Döbeln in Sachsen stammende weimarische Generalsuperintendent Kromeyer, 1619 mit seinem Weimarer „Schulmethodus" geschrieben. Im düstersten Abschnitt des 30jährigen Kriegs hat schließlich der gothaische Fürst Ernst der Fromme (1601 bis 1675) im Jahre 1642 erstmals die ausnahmslose Schulpflicht der Kinder vom fünften bis dreizehnten Lebensjahre gefordert.

Nach Basedows anhaltinischem Muster des Philanthropins gründete in der Aufklärungszeit der 1744 in Sömmerda geborene Christian Gottfried Salzmann ein Erziehungsinstitut in Schnepfenthal. Aus Oberweißbach stammt Friedrich Fröbel (geb. 1782), der sich seine erzieherische Ausbildung bei Pestalozzi in Ifferten selbst geholt hat und sich später bewußt auf die Erziehung der Kleinkinder vor dem schulpflichtigen Alter beschränkte. Seine Kindergärten, bei deren Einrichtung dem ehemaligen Forstmann, Naturwissenschaftler und Landwirt ein auf diesen Gebieten erworbenes Einfühlungsvermögen für alles organische Wachsen zugute gekommen sein mag, sind die Keimstätten aller neuzeitlichen Kinderpsychologie geworden, die nicht vom Verstand ausgeht, sondern vom liebenden Herzen. Bernhard Heinrich Blasche (1766 in Rudolstadt geboren) war in Schnepfenthal tätig und hat als erster die großen Möglichkeiten des handwerklichen Unterrichts als sehr fruchtbare Ergänzung aller intellektuellen Bildungsarbeit praktiziert. Hermann Lietz und Gustav Wyneken haben zu Anfang des 20. Jahrhunderts an schön gelegenen thüringischen Plätzen der kühnen Bewegung der Landeserziehungsheime freie Bahn geschaffen.

Um kurz die wissenschaftlichen Leistungen des thüringischen Volkes zu streifen: Erfurt war die erste deutsche Voll-Universität mit allen vier Fakultäten und als Hochburg des Humanismus bekannt. Die berühmten und radikal alles Morsche und der Fäulnis Verfallende damaligen Kloster- und Mönchslebens geißelnden „Dunkelmänner-Briefe“ aus der Zeit vor Luthers Anfängen stammen von Erfurter Professoren. Später hat Jena den Ruf der alten Erfurter Hochschule übernommen und zu steigern verstanden. Nach Luthers Tode befand sich hier der Sitz der evangelischen Orthodoxie. Neben Schiller, Fichte, Humboldt und Hegel mögen aus der klassischen Zeit noch die Professoren Fries und Oken genannt sein. Später dominierten in Jena die Naturwissenschaften. Aufsehen erregte um die Jahrhundertwende Ernst Haeckels Weiterführung der Lehren Darwins. Bedeutender Vogelkenner war der Pfarrer Christian Ludwig Brehm aus Schönau, und dessen großer Sohn Alfred Brehm (1829 in Renthendorf geboren) ist der Verfasser von Brehms Tierleben. August Freiher von Berlepsch (1808 in Seebach bei Langensalza geboren) war ein großer Bienenkenner und der Erfinder des Wabenrähmchens. Hans von Berlepsch (1858 ebenfalls in Seebach geboren) gilt als der maßgebliche Pionier des Vogelschutzes in Deutschland. Und der Gründer der Vogelwarte im ostpreußischen Rossitten (seit 1945 am Bodensee), Professor Thienemann, ist ebenfalls Thüringer (geboren 1863 in Gangloffsömmern). Der Geograph Alfred Kirchhoff stammt aus Erfurt (geb. 1838), sein Kollege Adolf Stieler (geb. 1775) aus Gotha. Thüringer sind der Geschichtsforscher Leopold von Ranke (geb. 1795 in Wiehe an der Unstrut) und der Literarhistoriker und Goetheforscher Erich Schmidt (geb. 1853 in Jena), der Philosoph Heinrich von Stein (geb. 1857 in Coburg) sowie die Mediziner Christoph Wilhelm Hufeland (geb. 1762 in Langensalza) und der aus Meiningen (1741) stammende „alte Heim“. Anselm von Feuerbach stammt aus Hainichen bei Jena (1775). Von Militärs gehören zum Thüringer Stamm Hermann von Salza und Bernhard von Weimar.

Heute wie früher ist Thüringen eines der beliebtesten Ferien-, Kur- und Sommerfrischenländer. Der Fichten- und Tannenduft der Wälder lädt zu sommerlicher Erquickung. Im Zentrum des Thüringer Waldes wird bei schneereichem Winter eifrig Ski- und Rodelsport betrieben. Luftkurorte mit bewährten Heilerfolgen sind außer Oberhof insbesondere noch Bad Liebenstein, Bad Salzungen, Friedrichroda, Bad Tabarz. Sie haben alle neuzeitlich eingerichtete Kuranlagen und schöne Schwimmbäder. Es gibt aber für Ruhebedürftige noch mannigfache Stätten, Häuser und Höfe stiller Einkehr abseits der Straßen in den Flußauen und den Waldtälern. Das ganze Thüringen darf als eines der schönsten und zugleich abwechslungsreichsten Ferienländer Mitteleuropas bezeichnet werden. Goethe hat neben vielerlei Versen in der „Morphologie“ den erhabenen Reiz des Thüringer Waldes beschrieben: „. . . Nadelhölzer aller Art mit ernstem Grün und balsamischem Dufte; Buchenhaine von freudigerem Anblick; die schwanke Birke und das niedere namenlose Gesträuch — jedes hat seinen Platz gesucht und gewonnen.“ Und anschließend spricht er rühmend von den feinen balsamischen Harzen, „die einen solchen Baum noch ins zweite Jahrhundert von der Wurzel bis zum Gipfel begleiteten, ernährten, ewig grün, frisch und lebendig erhalten.“ Aus der Abendstille des Gebirges schilderte er 1780 der Charlotte von Stein einen herbstlichen Sonnenuntergang bei völlig klarem Himmel mit den feierlichen Worten: „Sie — diese Gegend — ist so rein und ruhig wie eine große, schöne Seele, wenn sie sich am wohlsten befindet.“ Das gilt wie an jenem Abend für das Stück Erde, das Goethe vor sich sah, heute noch für das ganze Land, das Victor von Scheffel so besungen hat:

*Wer einmal diesen Jungbrunn fand,*
*der sucht nach keinem andern.*
*Thüringer Wald, Thüringer Land,*
*in dir nur will ich wandern!*

## BILDERVERZEICHNIS

## FOTONACHWEIS

STRACHE, Stuttgart 25 48
SCHRÖDER, Frankfurt 26 29 30 35 57 69 73 78 80 88—91 100 108
STRÄHLE, Schondorf 27 31 40
LEHNARTZ, Berlin 28
HEGE, Essen 32—33 47 56 81 86 109
FOTO MARBURG, Marburg 34 67
NOWAK, Hamburg 36 43 45 49 59 60—63 82 83 104
SCHÖNING, Lübeck 37 39 41 50 54 70 74 76 87 116 118—120
DEUTSCHE FOTOTHEK, Dresden 38 42 55 58 72 75 77 101 113
PLAN UND KARTE, Münster 44 52 97 115
FISCHER, Hamburg 46 114
BARTCKY, Frankfurt 51 98 99 107 110
VFWD Bildstelle, Berlin 53 111
ESCHEN, Berlin 64 93 106
LANDGRAF, Zwickau 65
ARCHIV 66
LÖHRICH, Gröbenzell 68 85 112
SCHÄFER, Karlsruhe 71 102 105 117
ULLSTEIN, Berlin 79 84
WARLICH, Steinbach/Ts. 92 94 96
HAUBITZ, Frankfurt 95
BEYER, Weimar 103

## QUELLENNACHWEIS


Wilhelm Greiner: Die Kultur Thüringens. Eine deutsche Stammesleistung.
Walter Thomae: Thüringische Kunstgeschichte.
Das Thüringer Fähnlein. Monatshefte für die mitteldeutsche Heimat. Herausgegeben von Reinhold Vesper.
Martin Wähler: Thüringische Volkskunde. Albert Scobel: Thüringen.
August Trinius: Thüringen.
Junks Naturführer Thüringen.
Hugo Kühn: Kulturgeschichtliche Bilder aus Thüringen.

# Bildteil

ERFURT Stiftsgasse mit Dom *Stiftsgasse and cathedral*

Umstehend: ERFURT Aufgang zur Severikirche *Church of St. Severin, front staircase*

ERFURT Dom und Severikirche, die Wahrzeichen der thüringischen Landeshauptstadt
*Cathedral and church of St. Severin, landmarks of Thuringia's capital*

ERFURT Das Rathaus am Fischmarkt

*The Town Hall on the Fish Market*

ERFURT An der Krämerbrücke, dahinter der Turm der Ägidienkirche

*Near the Krämerbrücke, behind the spire of St. Gilés*

HAARHAUSEN mit Wachsenburg südlich von Erfurt

*A village south of Erfurt. In the background Castle Wachsenburg*

Umstehend:

„Das grüne Herz Deutschlands", der Thüringer Wald mit der Wartburg

*The Thuringian Mountains, often called "The green heart of Germany". On the commanding height the Wartburg, a medieval castle*

ERFURT Fachwerkbau am „Breiten Strom"

*Old framework house. In front the streamlet "Breiter Strom"*

WARTBURG Blick über den ersten Hof auf die Vogtei mit dem Ritterhaus
*View across first courtyard towards house of knights*

EISENACH Nicolaikirche und Nicolaiturm der Lutherstadt
*Church und tower of St. Nicholas. Martin Luther, translator of the New Testament, lived here*

GOTHA Marktplatz der idyllischen Residenzstadt mit dem Rathaus
*Market square of the beautiful residential town, with town-hall*

GOTHA Schloß Friedenstein beherbergt die Herzogliche Bibliothek und das Münzkabinett
*Friedenstein Castle with Duke's library and collection of coins*

TABARZ Das FDGB-Ferienheim „Theo Neubauer" des bekannten Kurortes

*The "Theo Neubauer" FDGB Holiday Home of the widely known dimatic health resort*

Blick auf das landschaftlich reizvoll gelegene Friedrichroda

*A picturesque place, surrounded by deep forests*

*Am Kleinen Inselsberg, einem vielbesuchten Ferienparadies*
*Klein-Inselsberg, a paradise for holiday-makers*

BAD LIEBENSTEIN erfreute sich als Mineralbad regen Zuspruchs

*Frequented spa with mineral spring*

BAD SALZUNGEN hat als Solbad in der Fachwelt einen guten Ruf

*A brinebath in great esteem with the medical world*

SCHMALKALDEN Blick vom Schloßhof durch den Torweg auf die Stadtkirche

*Beautifully ornamented gateway in the court yard. Town-church in the background*

MEININGEN Stadtansicht. Residenz der Herzöge von 1680 bis 1918
*Panorama of Meiningen, Ducal residence from 1680 till 1918*

MEININGEN Das 1909 nach einem Brande wiedererbaute Hoftheater
*Court Theatre, rebuilt after a fire in 1909*

Kamm des Thüringer Waldes in 800 m Höhe bei Manebach

*Ridge of the Thuringian Mountains near Manebach, 2625 feet above sea-level*

Zellstoffwerk im Thüringer Wald. Das Holz stellt den Rohstoff für verschiedene Industriezweige

*Cellulose-factory in the Thuringian Mountains. The vast forests supply wood for many industrial purposes*

KÜHNDORF bei Schwarza mit den Hängen des Thüringer Waldes

*A village near Schwarza. Slopes of the Thuringian Mountains in the background*

OBERHOF Blick zum Schneekopf, mit 978 m einer der höchsten Berge des Thüringer Waldes

*View of Mount Schneekopf, 3210 feet above sea-level, one of the highest tops in the Thuringian Mountains*

OBERHOF Einer der schönsten Kurorte Deutschlands. Schloßhotel

*Among the most beautiful spas of Germany. Palace Hotel*

Skihang im Tal vor Oberhof *Ski-Slopes near Oberhof*

ZELLA-MEHLIS Bedeutende Industriestadt im südlichen Thüringen
*Important industrial town in Southern Thuringia*

SUHL  Blick auf den Thälmannplatz mit dem Hotel „Thüringer Tourist“ und einem modernen Mietshaus

*View of Thälmann Square with the Hotel "Thüringer Tourist" and a modern apartment house*

ARNSTADT Markt mit Haus „Zum Güldenen Greif"

*Market square and inn "Zum güldenen Greif"*

ARNSTADT Riedturm und Jakobiturm, Reste der alten Stadtmauer

*Two old towers, Riedturm and Jakobiturm, remnants of the town fortification*

Eine der Burgen der „Drei Gleichen" in der Nähe von Arnstadt

*Castle near Arnstadt on hill in the background, belonging to a group of three fortresses, called "Drei Gleichen"*

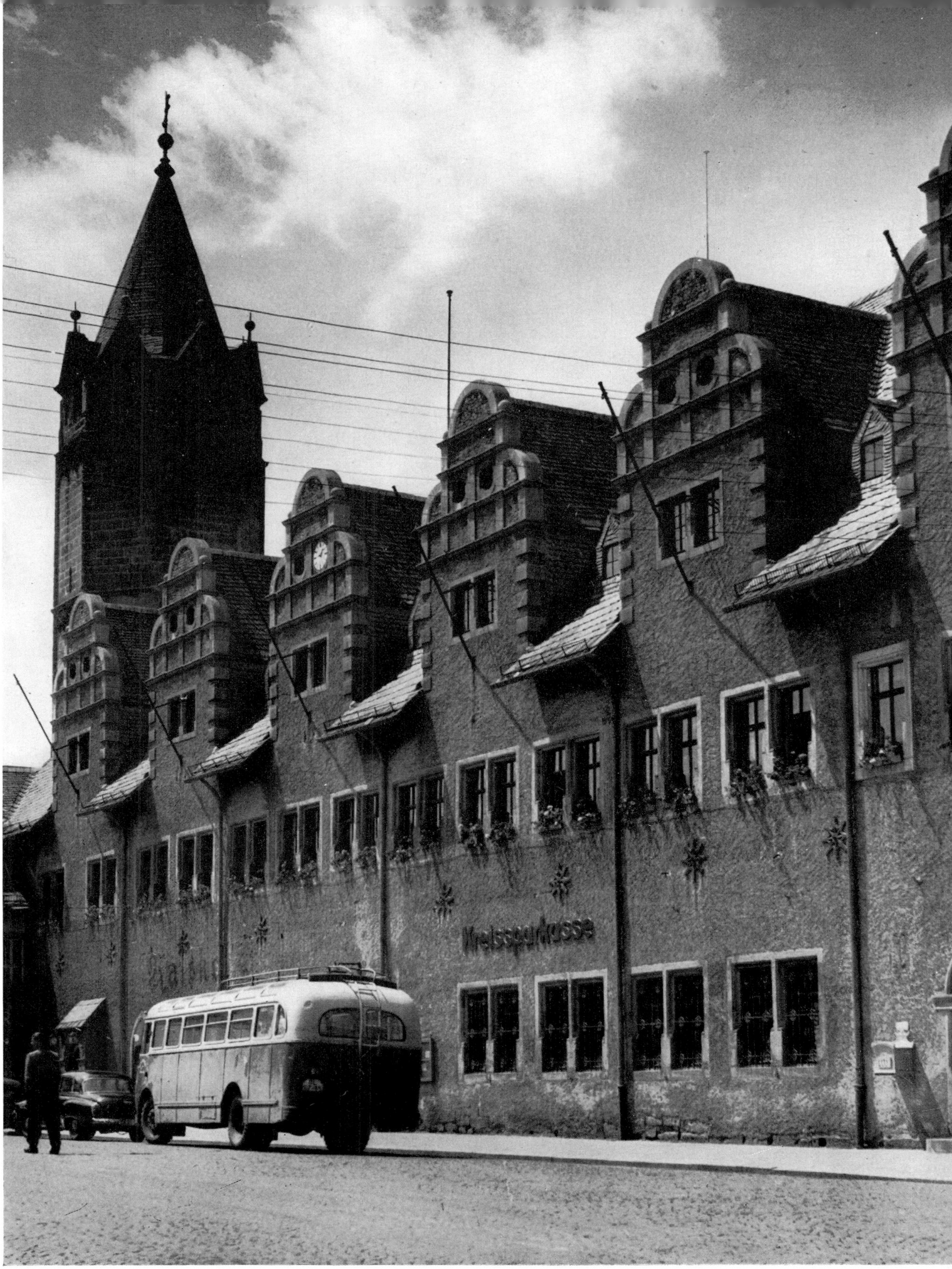


STADTILM Das ehemalige Schloß, seit 1919 zum Rathaus umgebaut

*The former castle of Stadtilm, since 1919 town-hall*

ILMENAU Das Goethehäuschen auf dem Kickelhahn

*"Goethehäuschen" of the Kickelhahn near Ilmenau*

Gruppenbild aus dem Spielzeugmuseum der Stadt Sonneberg

*Scene from the Museum of Toys at Sonneberg*

Alter Winkel in Sonneberg, im südlichen Thüringen gelegen

*Picturesque part of Sonneberg, a well known town in Southern Thuringia*

Stadtbild des Luftkurortes Schleusingen, ehemalige Residenz der Grafen von Henneberg
*Climatic health resort Schleusingen, former residence of the Counts of Henneberg*

SCHLEUSINGEN Ehemalige Posthalterei *The old post-horse station*

HILDBURGHAUSEN Stadtbild mit Teilen der ehemaligen Stadtbefestigung

*View with parts of the ancient fortifications*

Das 800 m hoch gelegene Masserberg am Rennsteig

*Masserberg on Rennsteig, a small village 2625 feet above sea-level on the ridge of the Thuringian Mountains*

Der Hirschengrund im Schwarzatal bei Meuselbach-Schwarzmühle

*Hirschengrund, a lovely scenery in the valley of the River Schwarza, near Meuselbach-Schwarzmühle*

LAUENSTEIN Blick auf die reizvoll gelegene alte Burg
*View of the ancient castle in beautiful surroundings*

PAULINZELLA Ruinen der im Mittelalter erstandenen Klosterkirche
*Church-ruins of the medieval monatery Paulinzella*

RUDOLSTADT Im Schloßhof der ehemaligen Residenz Heidecksburg
*Beautiful fountain in the court yard of Heidecksburg Castle*

RUDOLSTADT Romantischer Winkel mit einem Flügel der Heidecksburg
*Lovely spot with wing of Heidecksburg Castle*

SAALFELD Stadtansicht der früheren Bergstadt mit Marktplatz

*A former mining town. Panorama with market square*

SAALFELD Das um 1780 erbaute herzogliche Schloß *The Ducal Palace, built about 1780*

Saaletal oberhalb Saalfeld. Blick vom Wetzelstein flußaufwärts auf Obernitz und Raschwitz

*Valley of the River Saale near Saalfeld. View up-stream from Wetzelstein towards the hamlets Obernitz and Raschwitz*

Burgruine „Hoher Schwarm" bei Saalfeld

*Ruins of the castle "Hoher Schwarm" near Saalfeld*

PÖSSNECK Das im gotischen Stil erbaute Rathaus der bedeutenden Industriestadt
*The Gothic town-hall of this industrious-city*

Burg Ranis und Teilansicht des Ortes *Castle and part of the village*

LEUCHTENBURG bei Kahla im Saaletal, der Sage nach zum Schutz gegen die Slawen im 10. Jahrhundert errichtet

*Leuchtenburg near Kahla in the valley of the River Saale. This castle, built in the 10th century, was an important fortress against Slavonian tribes*

SCHWARZBURG Blick auf das Schloß, dem Stammsitz der Fürsten von Schwarzburg
*View of the castle, the ancestral seat of the princes of Schwarzburg*

NEUSTADT an der Orla. Treppe und Erker des Rathauses
*Town-hall, staircase and balcony*

SCHLEIZ Partie im Schloßpark mit Schloß *Gardens with Castle*

OSTERBURG bei Weida, mit 79 m hohem Bergfried

*Osterburg Castle with watch-tower, 260 feet high*

Vielerorts trifft man noch auf Teile der früheren Stadtbefestigungen

*Typical example of medieval town fortifications*

VEITSBERG Alte Holzbrücke und tausendjährige Kirche
*Ancient wooden bridge, and church built 1000 years ago*

MILDENFURTH bei Weida. Klosterruine und Staatsgut

*Ruins of the monastery and state farm near Weida*

Fahrt durch den Thüringer Wald

*A trip by train across the Thuringian Mountains*

GREIZ Blick auf Schloß und Stadt, bekannt durch seine Textilindustrie

*A centre of textile industry. Panorama with castle*

Typische Lage eines thüringischen Dorfes am Waldhang, hier Buchfart bei Weimar

*Roaming through the Thuringian Mountains, you find many charming villages, situated on the wooded mountain slopes. This is the village Buchfart near Weimar*

Schloß Osterstein auf dem Hainberg bei Gera, wurde im englischen Stil restauriert

*Osterstein Castle on the Hainberg near Gera, restored in the manner of an English country seat*

GERA Simsonbrunnen *Fountain of Simson*

GERA Gasse mit Rathausturm *Little lane with tower of town-hall*

ALTENBURG Blick zu den „Roten Spitzen" *"Rote Spitzen", two different spires of a church*

ALTENBURG Schloß mit Schloßpark *Castle with gardens*

JENA Die Universität, ein Herbsttag am Fürstengraben

*The University. Scene at Fürstengraben on a day in autumn*

JENA Markttag in der „Guten Stube"

*Market day at the "Gute Stube"*

JENA Emil-Höllein-Platz, das Geschäftszentrum der Nordstadt

*Emil Höllein Square, the business centre of the northern section*

JENA Blick vom „Paradiese" aus über die Saale zum Hausberg

*View from the gardens across River Saale towards Mount Hausberg*

JENA Die Zeisswerke bilden den Mittelpunkt der Stadt

*The Zeiss Works are the focal point of the city*

CAMBURG an der Saale. Stadtansicht *Bird's eye view of the town*

Alter Bauernhof bei Camburg an der Saale

*Old farmhouse near Camburg. Note the big chimney on the outside*

DORNBURG an der Saale. Barockschlößchen *Baroque-styled little palace*

APOLDA Das Rathaus des wichtigen Industriezentrums in Nordthüringen
Town-hall at Apolda, important centre of industry in Northern Thuringia

Saaletal mit Rudelsburg und Saaleck, eine der schönsten Gegenden Mitteldeutschlands
*Valley of the River Saale with two well-known castles — Rudelsburg on the left, and Saaleck on the right — one of the most picturesque places in Central Germany*

WEIMAR Blick auf die Herderkirche *View of the Herder Church*

WEIMAR Die großherzogliche Residenz mit Bastille und Schloßturm
*The Residence Palace of the Grand Dukes with the bastille and the tower*

WEIMAR Goethe-Schiller-Denkmal vor dem National-Theater

*Monument of Goethe and Schiller in front of the National Theatre*

WEIMAR Innenräume der großherzoglichen Bibliothek mit über 200 000 Bänden

*Interior of the grand-ducal library, containing more than 200 000 volumes*

WEIMAR Schillerhaus *House in which the poet Friedrich Schiller lived and died*

WEIMAR Goethes Gartenhaus *Summer-house of J.W. Goethe*

WEIMAR Jagdschloß Belvedere, Sommersitz der Herzöge

*Belvedere Castle, the Dukes' beautiful hunting seat*

WEIMAR Brunnen vor dem Hause der Frau von Stein

*Fountain in front of the residence of Charlotte von Stein*

Musentempel im Park Tiefurt bei Weimar *Tiefurt near Weimar, Park with little temple*

WASSERBURG Kapellendorf bei Weimar
Water castle Kapellendorf near Weimar

BUTTSTEDT Aufgang zur Kirche *Church with beautiful staircase*

BAD LANGENSALZA Blick vom Turm der Marktkirche auf die Stadt

*View of the town from the tower of the Market Church*

MÜHLHAUSEN an der Unstrut. Frühere Reichsstadt mit bewegter Geschichte
*Situated on the River Unstrut, the former imperial city is looking back on an exciting past*

MÜHLHAUSEN Marienkirche, eine fünfschiffige gotische Hallenkirche aus dem 15. Jahrhundert
*Church of St. Mary, built in Gothic style with five naves, 15th century*

SONDERSHAUSEN Blick in den Hof des Schlosses, das auf einer Anhöhe nahe der Stadt liegt

*The court yard of the castle, situated on a near-by hill*

HEILIGENSTADT im Eichsfeld

*Eichsfeld, landscape in the northwestern part of Thuringia*

NORDHAUSEN Das Rosenthalhaus, eines der schönsten Bürgerhäuser der Stadt

*One of the most beautiful old patrician houses, called "Rosenthalhaus"*

NORDHAUSEN Dom im gotischen Stil aus dem 12. Jahrhundert

*Cathedral, built in Gothic style, 12th century*

Kranich=Strasse

NORDHAUSEN Der Roland. Ein Sinnbild des Rechts, dessen Ursprung bis in das 10. Jahrhundert zurückgeht

*The Roland, symbol of imperial jurisdiction, dating back from the 10th century*